Ein Oster-Märchen

Eine Erzählung von Walther Pollatschek aus dem Jahr 1947
mit Bildern von Ernst Fay

Titania Verlag

Schau dir doch einmal das Bild an! Kennst du die beiden Kinder? Nein, du kennst sie nicht? Sie heißen Hans und Hanne und wohnen gar nicht weit von hier, in einem Dorf. Wie das Dorf heißt? Es fällt mir gerade nicht ein. Aber du kennst es sicher. Wenn du einmal hinkommst, dann pass gut auf. Vielleicht siehst du dann Hans und Hanne auf der Straße. Aber jetzt sind Hans und Hanne nicht auf der Straße.

Sie sind in den Wald gegangen und wollen Blumen pflücken. Denn bald ist Ostern. Es sieht so hübsch aus, wenn man den Frühstückstisch am Feiertag mit Blumen geschmückt hat. Das wollen Hans und Hanne tun. Sie wollen die Eltern damit überraschen und ihnen eine Freude machen. Denn wenn man den Eltern eine Freude macht, ist man selber froh. Nicht wahr, das weißt du doch auch?

Vor Ostern gibt es noch nicht viele Blumen. Aber da im Wald unter den Buchen, da steht eine neben der anderen, lauter weiße Sternchen. Das sind die Anemonen. Manche nennen sie auch Buschwindröschen. Hans und Hanne haben ein Körbchen mitgenommen und die Blumen da hineingelegt.

Auf einmal kommen viele bunte Vögel angeflattert. Sie piepsen ganz aufgeregt durcheinander.

Was wollen sie denn? Sie piepsen: „Helft! Helft! Helft dem Schnupperchen!" Ja, gerade so klingt es. Aber wer ist denn Schnupperchen? Wem sollen die Kinder helfen?

Als sie sich umsehen, sehen sie ein kleines Häschen im Gras. Es hat dicke Tränen in den Augen. Es weint. Und sein rechtes Vorderpfötchen blutet. Der kleine Hase Schnupperchen ist zum Bach gelaufen. Da ist er auf einen spitzen Stein getreten und hat sich an der Pfote wehgetan.

Das arme Häschen! Hans gibt
sein Taschentuch her und Hanne verbindet damit
dem Häschen die Pfote. Sie nimmt das Tierchen auf
ihren Arm.

Aber was sollen sie jetzt mit ihm machen? Die Kinder wissen
es nicht. Und die bunten Vögel und das Eichhörnchen und
die Zitronenfalter wissen es auch nicht. Sie schauen auf die
Kinder und meinen, sie müssten wissen, wie sie dem armen
Schnupperchen helfen können.

Da kommt eine große schwarze Krähe herbeigeflogen.
Krähen sind kluge Vögel. Ob sie den Kindern wohl sagen
kann, wie sie dem Schnupperchen helfen können?

Wirklich, die Krähe weiß, wie man dem armen Schnupperchen helfen kann. Sie führt die Kinder weiter in den Wald hinein. Mitten im Wald steht eine dicke alte Eiche. Woher man weiß, dass es eine Eiche ist? Schau dir nur die Blätter an, dann merkst du es. So sehen doch Eichenblätter aus.

Aber das ist eine komische alte Eiche! Da ist ja ein richtiges Zimmerchen im Baum drin.

Mit einem winzigen Fensterchen. Und mit einem lustigen bunten Türchen. Neben der Tür ist eine Klingel. Darunter ist ein Schild, auf dem steht: „Dr.", das heißt Doktor. Aber was für ein Doktor wohnt denn mitten im Wald in einem alten Baumstamm? Das ist der Zwergendoktor Breitwiehoch. Ja, so heißt der Zwergendoktor. Die Tiere im Wald haben ihn sehr gern.

Das Reh kommt zu ihm, wenn es Husten hat.
Die Hummel mit ihrem Ohrenweh.
Das Rotkehlchen mit einem verstauchten Zeh.
Masern hat die kleine Maus.
Mit Halsweh kommt die Blattlaus.
Alle Tiere kommen von nah und fern.
Und der Doktor Breitwiehoch hilft ihnen gern.

Vor dem Zwergenhaus blühen viele Gänseblümchen
im Gras. Aber Hans und Hanne haben jetzt keine Zeit
zum Blumenpflücken. Sie wollen doch Schnupperchen
zum Doktor bringen. Da ist er auch schon aus dem
Haus gekommen. Er guckt dem Häschen in den Hals.
Er horcht mit seinem Hörrohr an Schnupperchens
Brust. Er macht das Taschen-
tuch von der Pfote ab. Oje,
es blutet immer noch.

Der Doktor Breitwiehoch streicht Salbe auf die Wunde und legt dann Verbandstoff und Watte darauf. Dann wickelt er eine lange, weiße Mullbinde darum, ganz langsam und gerade. Er legt das Pfötchen in ein Tuch. Das knotet er an Schnupperchens Hals fest. Das Pfötchen muss hoch und still liegen, damit es schnell wieder heil wird.

Zuletzt gibt der Doktor Breitwiehoch dem Häschen einen Löffel mit Medizin. Schnupperchen ist ein kluges Häschen. Es sagt nicht: „Die Medizin ist bitter, das mag ich nicht." Es weiß, dass der Doktor ihm mit der Medizin helfen will. Darum macht es ein ganz vergnügtes Gesicht und schluckt den bitteren Saft schnell herunter.

„Jetzt muss Schnupperchen nach Hause und ins Bett", sagt der Doktor. Ja, aber wo ist das Schnupperchen denn zu Hause? Wo wohnt es denn? „Immer der Nase nach durch den Wald", sagt der Doktor.

annes Arme werden ganz müde vom Tragen. Aber
sie will das Schnupperchen nach Hause bringen.
Da kommen sie auf eine Wiese im Wald. Mitten auf
der Wiese steht ein Häuschen. Das sieht lustig aus:
Es ist klitzeklein und auf dem Dach wachsen Gras,
Gänseblümchen, Veilchen und Schlüsselblumen.

Schnupperchens Eltern gehört das Haus.
Gerade kommt seine Mama heraus,
die Hasenmama Blümchen.
Das Schwesterchen heißt Krümchen.
Die Mama wollte ins Freie gehen
und einmal nach der Wäsche sehn.
Da steht sie voller Schreck und rührt sich nicht vom Fleck.

Ja, die Hasenmama Blümchen hat Angst. Hasen
haben Angst vor Menschen. Und da kommen gleich
zwei auf ihr Haus zu, wenn es auch nur zwei Kinder
sind, Hanne und Hans.

O weh, das Mädchen hat ja ihr Schnupperchen auf dem Arm! Haben die Menschen ihr Kind gefangen? Aber nein, Hanne hält ihr das Schnupperchen hin. Sie will der Hasenmama ihr Häschen bringen. Mama Blümchen sieht, dass Schnupperchen eine verbundene Pfote hat. Da bekommt sie wieder einen Schreck. Schnupperchen ist krank! Aber das Häschen ruft ganz vergnügt: „Mama, die Kinder sind mit mir beim Doktor gewesen. Ich bin schon bald wieder gesund."

Da staunt Mama Blümchen,
da staunt Schwester Krümchen,
die Vögelchen staunen, und ein Schneck
kommt vor Staunen nicht vom Fleck.
Auf der Bank die Spielente sogar,
guckt erstaunt auf das Kinderpaar.

Der Hasenpapa schaut aus dem Fenster und vor Staunen ist ihm die Pfeife ausgegangen. Der Hasenpapa heißt Schnurr und er hat einen langen Schnurrbart.

Schnupperchen muss schnell ins Bett, denn da gehören kranke Kinder hin. Auch kranke Hasenkinder. Hasenpapa und Hasenmama bedanken sich bei Hans und Hanne, weil sie so lieb zu ihrem Schnupperchen waren. Und weil sie es verbunden haben, zum Doktor Breitwiehoch gebracht und dann nach Hause getragen haben.

Mama Blümchen und Papa Schnurr möchten den Kindern auch eine Freude machen. Aber womit? „Ich hab's", sagt Papa Schnurr. Ihm ist etwas Schönes eingefallen. Was ihm eingefallen ist, siehst du auf der nächsten Seite.

Hasenpapa Schnurr hat Hans und Hanne in die Ostereierwerkstatt mitgenommen. Die ist ganz hinten auf der Waldwiese. Viele, viele Hasen sind da. Sie müssen fleißig sein, denn bald ist Ostern. Da soll es doch Ostereier geben.

Hasenpapa Schnurr hat die Kinder zu dem Oberostereiermalermeister gebracht. Das ist ein alter lieber Hase. Er ist freundlich zu den Kindern und zeigt ihnen die ganze Werkstatt. Gerade ist ein bunter Korbwagen angekommen.

Weiße Hühner sind davorgespannt. „Brrr!", ruft der Hasenkutscher. Der Wagen hält an. Da sieht man, dass er mit vielen Eiern beladen ist. Kannst du sie zählen? Die Eierträgerhasen gehen schnell zu dem Wagen hin und packen die weißen Eier in ihre Körbe. Dann bringen sie die Körbe zu den Malerhasen. Dabei müssen sie langsam gehen, damit die Eier nicht zerbrechen. Auch die Malerhasen müssen gut aufpassen.

Das Hasenmädchen Hoppla hat nicht gut aufgepasst. Es hat sich nach den Kindern umgesehen. Da ist ihm ein Ei aus den Fingern gerutscht. Oje, jetzt ist es entzwei! Der Dotter fließt über den Tisch. Hoppla macht ein erstauntes Gesicht. Schade um das schöne Ei!

Wenn man Eier in die Hand nimmt oder Geschirr oder sonst etwas Zerbrechliches, dann muss man achtgeben. Auch das Häschen Purzel sollte sich lieber nicht nach den Trägerhasen umsehen. Es hat nämlich ein Ei in der Hand, um es rot anzumalen.

Wenn das Ei nur nicht auch noch hinfällt! Purzel sitzt ganz vorne am Tisch der Malerlehrlinge. Vor jedem steht ein Farbtöpfchen. Die Häschen malen die Eier an, rot und gelb und blau und lila. Die Malerlehrlinge müssen das Malen erst noch richtig lernen.

Die Malergesellen können es schon besser. Sie sitzen an einem anderen Tisch. Sie dürfen die Eier schon mit mehreren Farben bemalen. Über ihnen am Baum hängt eine Karte. Auf der sind die Muster abgebildet, damit sie wissen, wie die Eier aussehen sollen.

Der Hasenpapa Schnurr kann
aber noch viel schöner malen.
Schnurr ist ein Malermeister. Er
hat sich einen weißen Malerkittel
über die rote Weste gezogen. Dann
hat er sich die Brille aufgesetzt,
damit er besser sehen kann und
da sitzt er jetzt und malt. Was
malt er denn?

Ein Osterei, so riesengroß,
malt Hase Schnurr nun ganz famos.
Veilchen und Primel und Schmetterling
malt er auf das Riesending,
mit vielen Farben und Pinselstrichen,
ganz fein!
Um so zu malen, muss man
fleißig sein!

Sogar einen Marienkäfer hat er
gemalt, einen dicken, roten mit
schwarzen Punkten.

Wie viele Punkte sind es denn?
Kannst du sie zählen?
Und weißt du auch, wie viele
noch fehlen?
Hans staunt, wie dem Hasen
das Malen gelingt.
Was meinst du, wem er es
Ostern bringt?

Ja, das hätten Hans und Hanne nicht gedacht, als sie am Morgen in den Wald gingen, um Blumen zu suchen. Das hätten sie nicht gedacht, dass sie etwas so Schönes zu sehen bekämen wie die Ostereierwerkstatt.

Wenn die beiden nicht so lieb zu dem armen, kranken Hasenkind Schnupperchen gewesen wären, dann wären sie nicht zu der Ostereierwerkstatt gekommen.

Aber so ist es nun einmal: Wer gut zu Tieren ist, hat auch selbst Freude daran. Auch wenn man lieb zu anderen Kindern ist. Anderen Kindern und auch Tieren

tut es genauso weh wie dir, wenn sie hinfallen. Und sie freuen sich ebenso wie du, wenn man ihnen hilft.

Weil Hans und Hanne lieb zu Schnupperchen gewesen waren, darum kamen sie in die Ostereierwerkstatt. Und zuletzt gab es noch eine große Überraschung.

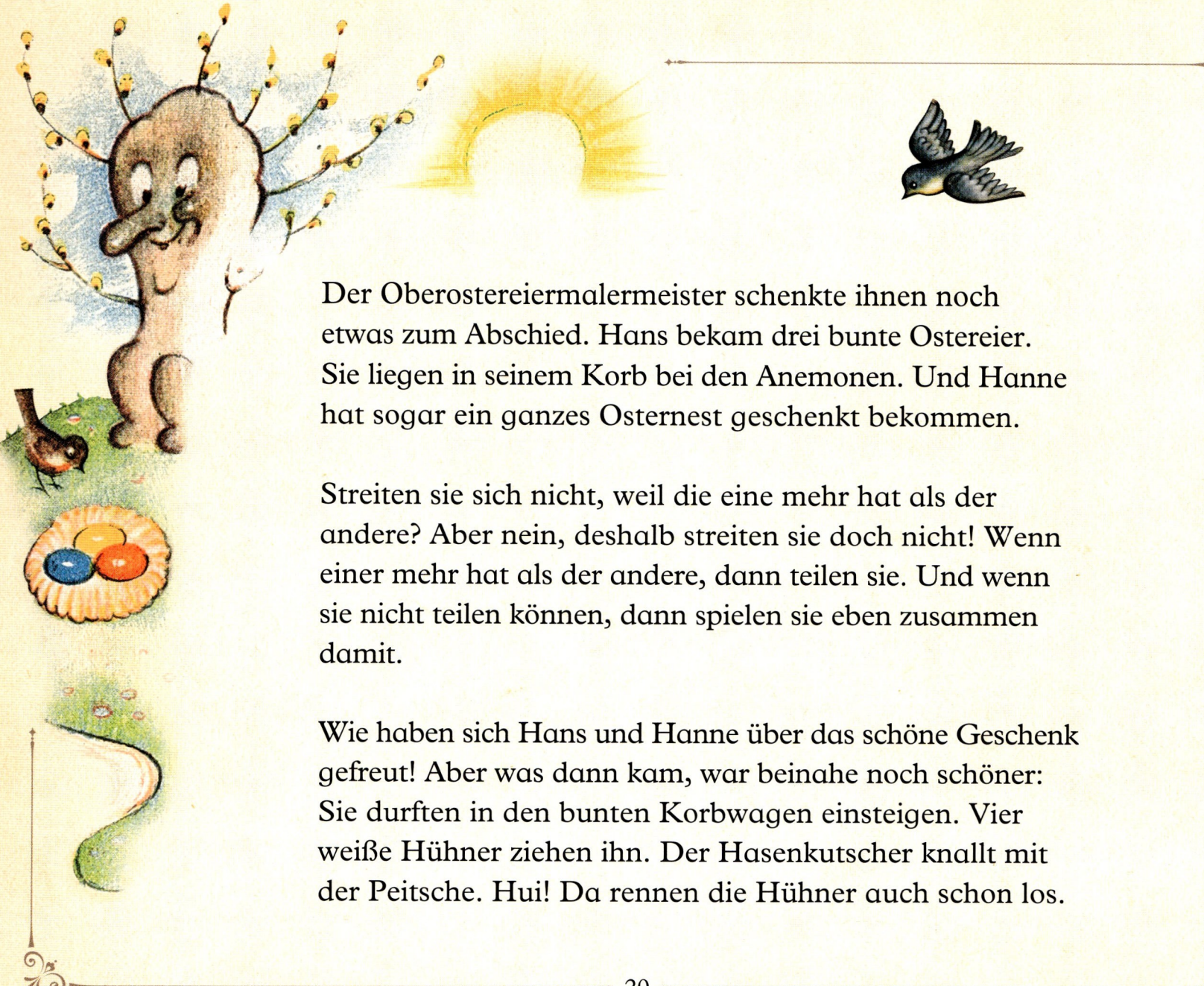

Der Oberostereiermalermeister schenkte ihnen noch etwas zum Abschied. Hans bekam drei bunte Ostereier. Sie liegen in seinem Korb bei den Anemonen. Und Hanne hat sogar ein ganzes Osternest geschenkt bekommen.

Streiten sie sich nicht, weil die eine mehr hat als der andere? Aber nein, deshalb streiten sie doch nicht! Wenn einer mehr hat als der andere, dann teilen sie. Und wenn sie nicht teilen können, dann spielen sie eben zusammen damit.

Wie haben sich Hans und Hanne über das schöne Geschenk gefreut! Aber was dann kam, war beinahe noch schöner: Sie durften in den bunten Korbwagen einsteigen. Vier weiße Hühner ziehen ihn. Der Hasenkutscher knallt mit der Peitsche. Hui! Da rennen die Hühner auch schon los.

Das ist ein lustiges Fahren! Die Schnecke möchte am liebsten mitrennen. Sie hat sogar einen Stock in die Hand genommen, um besser laufen zu können. Aber mit dem Wagen kommt sie doch nicht mit. Oh, wie vergnügt es heimgeht! Was werden Hans und Hanne zu erzählen haben!

Aber was ist wohl aus dem Schnupperchen geworden? Ist es etwa immer noch krank? Aber nein, da steht es ja mit der Hasenmama Blümchen am Fenster und winkt den Kindern nach.

Wenn Ostern ist, kann es schon wieder lustig herumhopsen und Ostereier verstecken, da ein blaues, da ein rotes, da ein gelbes. All die Ostereier, die Hans und Hanne in der Werkstatt gesehen haben.

Aber das ganz große Ei mit den Blumen und dem Schmetterling und dem Marienkäfer mit den sieben Punkten … oje, nun habe ich doch verraten, wieviel Punkte es sind! – Das ganz große Ei, wer das bekommt, das möchte ich doch zu gerne wissen!

~Ende~

Walther Pollatschek (1901–1975) studierte Germanistik,
Theater- und Musikgeschichte und arbeitete dann als
Journalist und Kritiker. Nach Ende des Zweiten Welt-
kriegs kehrte er 1945 aus der Emigration nach Deutsch-
land zurück und war als Theaterkritiker in Frankfurt
am Main tätig.
Später arbeitete er als Theaterkritiker in Berlin. Er schrieb
zahlreiche Kinder- und Bilderbücher, aber auch Litera-
risches für Erwachsene. Als Leiter des Friedrich-Wolf-
Archivs der Akademie der Künste publizierte er Wolfs
Werke und veröffentlichte eine Friedrich-Wolf-Biografie.

Ernst Fay (1910–1971) veröffentlichte in den Jahren von
1938 bis 1970 zahlreiche Kinderbücher sowie Unterrichts-
bücher für die Grundschule. Dabei war ihm neben der
Freude am Zeichnen und Fabulieren auch immer die
erzieherische Wirkung seiner Bücher wichtig. Schließlich
hatte er nicht nur Bildende Kunst studiert, sondern in
späterem Lebensalter noch zusätzlich die künstlerische
Prüfung für das Lehramt abgelegt.

© 2020 Titania Verlag GmbH
Industriestraße 19
64407 Fränkisch-Crumbach 2023
www.titania-verlag.de

Text: Walther Pollatschek, 1947
Illustrationen: Ernst Fay, 1947
Satz: design cat GmbH

ISBN 978-3-86472-414-5